Shannon Roberts
Prayer Journal
for Women

52 Week Scripture, Devotional & Guided Prayer Journal

祈禱日記

神奇的禱告力，在心靈花園與神對話

香儂‧羅伯茲——著
周明芹——譯

推薦序
這是來自上帝的邀請函

星期日可以下雨（weakcan）創辦人　Sarah 蔣瑀

我們都想知道該如何親近神，但卻缺少適合的工具。
但這本書卻有明確的指示，讓我們知道接下來該做什麼，
透過書寫與紀錄，
更能意識並發掘看不見的上帝，其實一直都存在於我們的生活裡。
這更是本書寶貴與特別之處，
你所寫下的正是屬於你獨特的經歷，
這也將是世界上獨一無二的書。

上帝始終在發出邀請，而我們要做的就是翻開並且回應，
最終會發現那座心靈的花園，綻放著獨有的美麗。

推薦人小檔案
Sarah，愛貓成癡，經營 weakcan 星期日可以下雨，
期許透過每日的文字及翻譯詩歌，讓人能在日常裡經歷上帝的愛。

推薦序
禱告日誌，建立與神的親密關係

比撒列先知性藝術文化事業執行長　黃馨儀

摩西的母親約基別憑藉對神的信心，而有了摩西傳奇的一生。
哈拿在神面前的禱告，成就了撒母耳這位在舊約時代偉大的先知。
以斯帖的禁食禱告，及堅毅果敢赴死的決心，拯救了猶太民族免於滅絕。
馬利亞對天使說：「我是主的使女，情願照你的話成就在我身上。」
喇合的信心、路得的順服、底波拉的勇氣、亞比該的聰明與智慧……。

耶利米書 31:22：耶和華在地上造了一件新事，就是女子護衛男子。

聖經中，許多危急存亡的重要時刻，女人的禱告常常是反敗為勝的關鍵。《祈蹟日記》這是一本專為女性設計的靈修禱告日誌，內容幾乎涵蓋生活中所有可能遇到的面向。內容包含聖經經文、反省深思、日記書寫、蒙應允的祈禱這四個部分，而這四個部分也是與神的關係進入更深層次，非常重要且不可或缺的元素。

聖經經文──出於神的話，沒有一句不帶能力的（路加福音 1:37）。
神的話是我們生命的糧，又是我們腳前的燈、路上的光。我相信作者所截取的經文，是她在經歷人生重要時刻的考驗與挑戰時，如何站立在神的應許中，透過禱告來得勝的精華。

反省深思——我將你的話藏在心裡,免得我得罪你(詩篇 119:11)。
我們不只要將神的話放在心裡,並且要反覆思想,讓我們的心思意念與神的話對齊。讓我們以耶穌基督的心為心,做祂要我們做的,讓祂藉著我們繼續祂在地上的工作。

日記書寫——禱告就是與神建立關係,禱告不僅僅只是說出自己想望的事,同時也需要學習聆聽神,聆聽祂正在對我們說的話。有時祂會把答案放在我們心中,因此在記錄我們心裡想法的過程,也是神跟我們說話的方式之一。

蒙應允的祈禱——這同時也會是一本恩典記錄簿。人是健忘的,所以我們需要記錄神對我們禱告的回應,藉此常常數算恩典,幫助我們堅固信心。

真正的信仰是體現在每天日常生活中的,相信本書能幫助大家與神建立真實的親密關係,屬靈生命越發長大成熟,成為神祝福的管道,與神同行。

推薦人小檔案
黃馨儀 AliceT Esther

- 比撒列先知性藝術文化事業執行長
- 啟示性繪畫教師與創作者
- 啟示性藝術國度事奉與宣教

以聖經真理為根基,透過啟示性繪畫,帶領人到上帝面前,經歷聖靈充滿、醫治、釋放,生命更新與突破,與神建立真實的親密關係。

這本日記屬於

編按：
本書聖經章節及專有名詞以基督教繁體和合本聖經為主；
專有名詞內文首次出現時，對照天主教思高繁體聖經翻譯。

獻給我的丈夫約翰（John）和我們兩個來自上帝祝福的孩子
史蓋拉（Skylar）和亞設（Asher），
他們每天都鼓勵、挑戰和激勵我實踐我的信仰。

目 錄

愛與內在美

- ☐ 雅各書1:19．詩篇145:8 .... 16．19
- ☐ 彼得前書3:3-4．歷代志下7:14 .... 48．51
- ☐ 彌迦書6:8．羅馬書8:26 .... 76．79
- ☐ 箴言4:23．馬太福音6:6 .... 104．107
- ☐ 箴言31:30．雅各書4:3 .... 132．135
- ☐ 約翰一書3:18．詩篇141:2 .... 160．163
- ☐ 以弗所書4:2．約翰福音9:31 .... 188．191
- ☐ 羅馬書12:9．提摩太前書2:8 .... 208．211

供應與信實

- ☐ 箴言16:3．哥林多前書14:15 .... 20．23
- ☐ 以弗所書2:10．約翰福音14:13 .... 52．55
- ☐ 雅各書1:5．約翰一書3:21-22 .... 80．83
- ☐ 希伯來書13:5．彼得前書4:7 .... 108．111
- ☐ 以賽亞書58:11．馬太福音7:11 .... 136．139
- ☐ 哥林多前書10:13．馬太福音26:41 .... 164．167
- ☐ 箴言27:9．馬太福音18:20 .... 192．195
- ☐ 以賽亞書30:21．約翰福音15:7 .... 212．215

神的愛

- ☐ 詩篇106:1．帖撒羅尼迦前書5:16-18 .... 24．27
- ☐ 詩篇147:3．詩篇145:18-19 .... 60．63
- ☐ 列王紀上19:11-13．耶利米書29:12 .... 84．87
- ☐ 馬太福音5:14-16．箴言15:29 .... 116．119
- ☐ 耶利米書29:13．路加福音11:9 .... 140．143
- ☐ 耶利米哀歌3:22-23．馬可福音1:35 .... 172．175

逆境與試煉

- ☐ 以賽亞書43:2．詩篇18:6 .... 28．31
- ☐ 加拉太書6:2．詩篇34:17 .... 56．59
- ☐ 羅馬書5:3-5．雅各書5:13 .... 88．91
- ☐ 雅各書1:2-4．詩篇34:15 .... 112．115
- ☐ 馬太福音19:26．希伯來書5:7 .... 144．147
- ☐ 羅馬書8:28．馬太福音21:22 .... 168．171
- ☐ 箴言17:17．馬可福音11:25 .... 216．219

敬畏與主權

- 詩篇139:13-14・約翰福音15:16..................32・35
- 以弗所書3:20-21・約翰一書5:14..................64・67
- 箴言19:21・約翰一書5:15..................92・95
- 加拉太書6:9・歌羅西書4:2..................120・123
- 詩篇37:4・馬可福音11:24..................148・151
- 箴言3:5・耶利米書33:3..................176・179
- 哥林多後書9:8・馬太福音6:7-8..................196・199

信仰帶來力量

- 創世記28:15・提摩太前書2:1-2..................36・39
- 詩篇46:5・詩篇5:3..................68・71
- 希伯來書11:6・雅各書1:6..................96・99
- 詩篇121:2・詩篇17:6..................124・127
- 以賽亞書40:31・路加福音18:1..................152・155
- 箴言31:25・以弗所書6:18..................180・183
- 詩篇46:10・詩篇118:25..................200・203

懼怕

- 申命記31:8・羅馬書12:12..................40・43
- 腓立比書4:6-7・詩篇4:1..................72・75
- 詩篇118:5-6・詩篇102:17..................128・131
- 馬太福音6:34・約翰福音16:23-24..................184・187
- 馬太福音6:26-27・詩篇55:17..................220・223

恩典與寬恕

- 約翰一書1:9・雅各書5:16..................44・47
- 以弗所書4:32・路加福音6:27-28..................100・103
- 希伯來書4:16・約翰一書1:9..................156・159
- 哥林多後書12:9・彼得前書3:12..................204・207

作者的話

哈囉，美麗的你！很高興你在這裡！這本禱告日記是在我生命一個別具意義的重要時刻完成的。2018年對我來說是個艱難的年——充滿考驗和令人虛弱的疾病。這些情況讓我無法從事自己熱衷的事，陷入一陣恐懼、懷疑和不安的混亂中。我失去了友誼，承擔了巨額的醫療費用，並發現自己迫切想了解為什麼這一切會發生在我身上。那一整年，我不斷地問上帝，為什麼祂允許我的生活經歷這些痛苦。如此艱難的事情能帶來什麼益處？祂想透過這一切教會我什麼？

事情變得越困難，我就越發現自己緊緊抓住神和祂的應許，呼求祂的醫治、身體的康復和對事物的理解。在經歷這一年的事情之後，我對我的家人和密友從未有過如此多的感激之情。當在夏天康復時，我讀了幾本極具影響力的書籍，其中一本是關於神透過許多方式對我們說話，另一本是關於祈禱的重要性及祈禱具有強而有力的影響；當時我根本不知道上帝一直在為這本小小的禱告日記的計畫鋪路。當被要求撰寫一本禱告日記時，一開始很猶豫，覺得自己沒有能力，也沒有資格勝任這份工作。但透過這一切，我了解到，

如果上帝呼召你去做一份工作，祂就會讓你有能力勝任——不需要準備履歷表！今天，當我在這裡寫下這本禱告日記時，我的健康狀況比之前好多了，能坦然回顧過去，並比以往任何時候都更加感恩我的生活和上帝持續不斷祝福我的方式。儘管生活中，我每天都會面臨一些風暴和犯下過錯。

神應許在整個生命的旅程中都與我們同在，經歷高山和低谷，生活的高潮和低潮。我的希望和祈禱是，無論你現在處於人生中的哪個階段，這本日記都會加深你的信仰，並增強你與神同行的信心。神一直在工作，承諾為了愛祂的人的益處而成就一切！我希望你能記錄下你的想法、祈禱和最深切的期望；當你回首，就能看到神在過去的一段日子，以令人難以置信的方式與你同在。感謝你讓我成為你與我們全能的神和救主同行的一小部分！願上帝賜給你無盡的祝福！

香儂・羅伯茲

關於這本日記

你的祈禱日記由以下四個不同的部分組成

聖經經文
反省深思
日記書寫
蒙應允的祈禱

接下來的幾頁將詳細說明這幾個部分，
以便你可以充分利用你的日記，與神連線！

聖經經文

每回（共 52 回）都有一段新的《聖經》經文，供你持續反省深思和冥想，讓你有時間記住這節經文，將其根植於你的內心和思想中。

雅各書／雅各伯書 1:19

我親愛的弟兄們、
這是你們所知道的，
但你們各人要
**快快的聽、
慢慢的說、
慢慢的動怒。**

反省深思

現在是第幾回？記錄下日期，看看神如何在這段時間內與你同在！

每回有一個「反省深思」頁面，包含根據經文提出的想法和問題，及供記錄想法和回應這段經文的空白頁面。你可作為當前這段時間的反省深思，或單一天填寫完的空白頁面！請記住：這本日記很靈活，可用最適合你的日程安排及你與神同行的步調來使用。

日記書寫

教導我
你希望在生活的哪些方面獲得成長？分享你的想法並祈求神教導你！

感謝主
有哪些事是你想獻上感謝的？讓上帝知道你對祂在你生命中所賜下的祝福有多麼感恩。

引領我
在你的生活中，有哪些方面你渴望得到神的引導？與祂分享你的想法！祂總是在聆聽！

每回都有一節特別關於禱告的經文。（這與每回反省深思的經文不同。）

我的心事
你有什麼心事？寫下任何心中感到拉扯並占據你心思的事情。

禱告祈求
將你的禱告記錄下來。同樣地，你可以一次寫下所有的內容，或分次記錄下一段時間的祈禱。

精彩亮點
生活節奏很快，有時完全停不下來。花點時間寫下日常生活中所發生特別或珍貴的事情！

蒙應允的祈禱

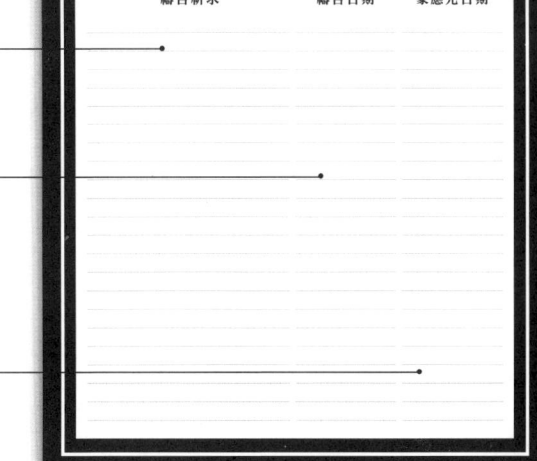

禱告祈求
將你的禱告祈求記錄在空白處。

禱告日期
記錄你第一次開始為這個特定的請求，祈禱的日期。

蒙應允日期
記錄祈禱得到回應的日期。看看這段時間神如何與你同在並回應你的祈禱！相信祂的時間點及祂有多愛你！

現在，既然你已經知道如何使用這本日記，請相信並信任神所做的一切都是為了你的益處！祂愛你，並承諾永遠不會撇下你。神對你禱告的回應可能不總是你想要的；有些時候，答案可能比你曾經夢想得到的還要更多！保持信念，相信祂，你要知道，祂在你的一切事上都在背後支持、當下同行，並走在前方引領著你！

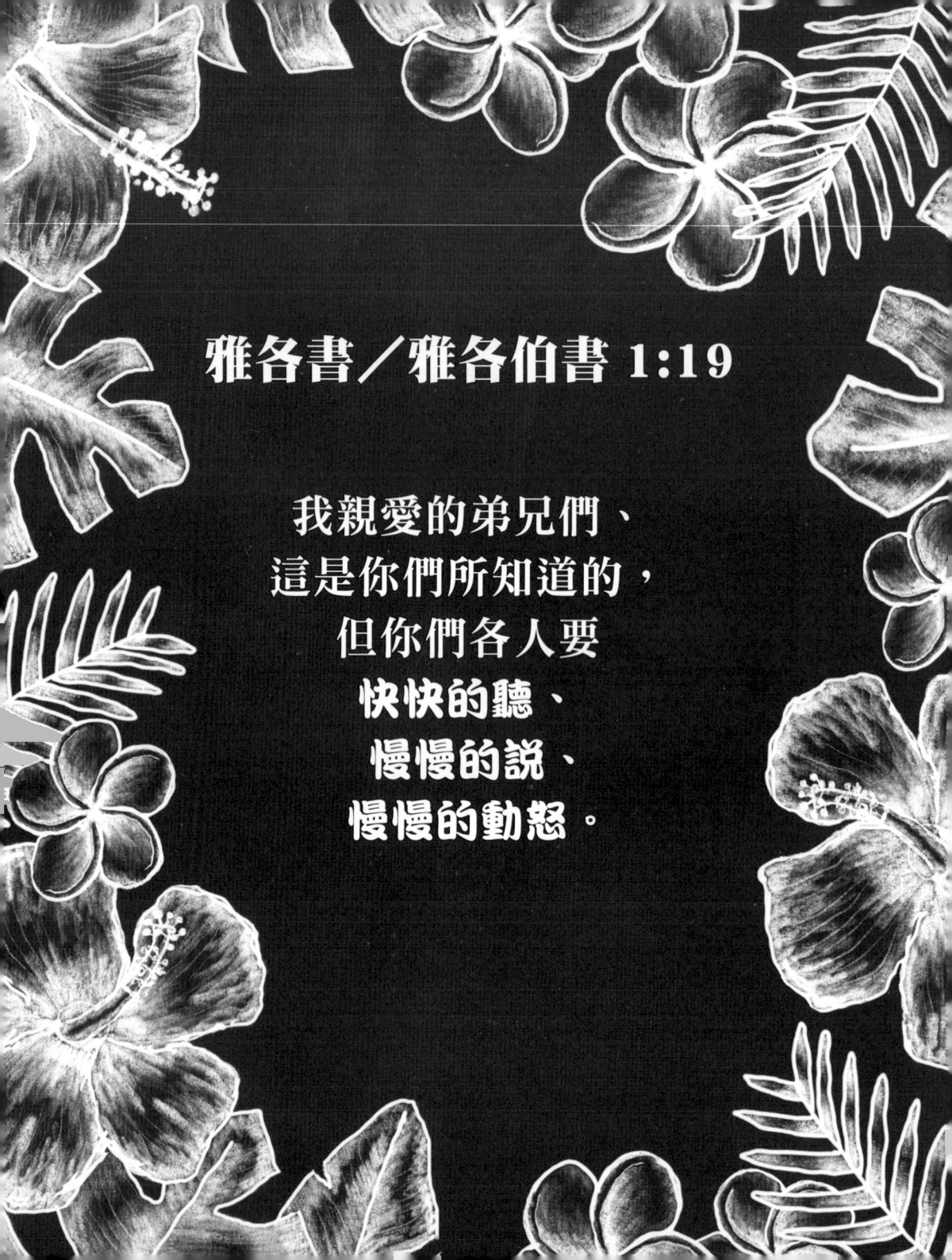

01
反省深思

愛與內在美

你有沒有對某件事產生（甚至分享過）看法，但在深入了解之後改變自己的立場？你是否曾在還不了解事情的來龍去脈就發脾氣，或先下結論？這些經驗帶給你什麼感受？神呼召我們仔細地傾聽，慢慢地說話，並控制我們的脾氣。上述這些要求，哪些對你來說很難做到？為什麼這一點難以做到？你有沒有和神促膝長談呢？

感謝主

教導我

引領我

詩篇／聖詠集 145:8
耶和華有恩惠、有憐憫、不輕易發怒、大有慈愛。

我的心事

精彩亮點

禱告祈求

02
反省深思

---— **供應與信實** ---—

　　當兩條不同的路出現時，可能會讓人對選擇感到膽怯。未知的事物令人恐懼。如果兩條路看起來都不錯，你怎麼知道該走哪條路才正確？你該選擇哪一條路呢？要知道神承諾會幫你制定你的計畫。把你自己交託給祂，剩下的事，祂會處理！祂會引導你的心，走你該走的路，做你該做的計畫。

　　你現在正在制定什麼重大計畫嗎？你是否有停下來問問神，祂對你有什麼安排？你相信你對自己的計畫和神對你的計畫是一致的嗎？為什麼相信或不相信呢？

感謝主

教導我

引領我

哥林多前書／格林多前書 14:15

這卻怎麼樣呢,我要用靈禱告、也要用悟性禱告,我要用靈歌唱、也要用悟性歌唱。

我的心事

精彩亮點

禱告祈求

詩篇 106:1

你們要讚美耶和華,
　要稱謝耶和華,
　　因他本為善;
他的慈愛永遠長存。

03
反省深思

神的愛

關於感恩的力量已說了很多:那些停下來「數算自己祝福」,是更幸福、更快樂的人。

你感謝誰和感謝什麼?神如何祝福你的生活?你如何成為他人生命中的祝福?

感謝主

教導我

引領我

帖撒羅尼迦前書／得撒洛尼前書 5:16-18

要常常喜樂,不住的禱告,凡事謝恩;
因為這是 神在基督耶穌裡向你們所定的旨意。

我的心事

精彩亮點

禱告祈求

04 反省深思

逆境與試煉

神承諾永遠不會離開你。無論你走到哪裡、處在什麼情況，祂都與你同在。

想想你生命所經歷的困難時期。你有感受到神與你同在嗎？當回顧過去時，你能認知到神在那段時間內也與你同在嗎？現在你能從這些理解，得到什麼安慰？當你在未來遇到挑戰時，這些對神的理解和體認，可以給你什麼樣的支持？

感謝主

教導我

引領我

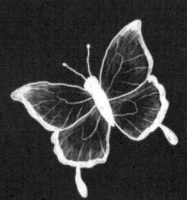

詩篇 18:6

我在急難中求告耶和華、向我的　神呼求。
他從殿中聽了我的聲音、
我在他面前的呼求入了他的耳中。

我的心事

精彩亮點

禱告祈求

05 反省深思

敬畏與主權

你是獨一無二的,在專屬於你的身體中,擁有美麗的靈魂,獨特的才能、天賦和能力。這個世界上有超過七十億人口,但只有一個你,上帝在創造你的時候,一定對你有一些相當大的計畫!

你相信你是祂的傑作,祂奇妙可畏的創作嗎?列出令你感恩的特徵與特質。你珍惜哪些?你希望自己哪些地方有所不同?神如何使用你的全部,來實現祂對你生命的旨意?

感謝主

教導我

引領我

約翰福音／若望福音 15:16

不是你們揀選了我、是我揀選了你們、
並且分派你們去結果子、叫你們的果子常存,
使你們奉我的名、無論向父求甚麼、他就賜給你們。

我的心事

精彩亮點

禱告祈求

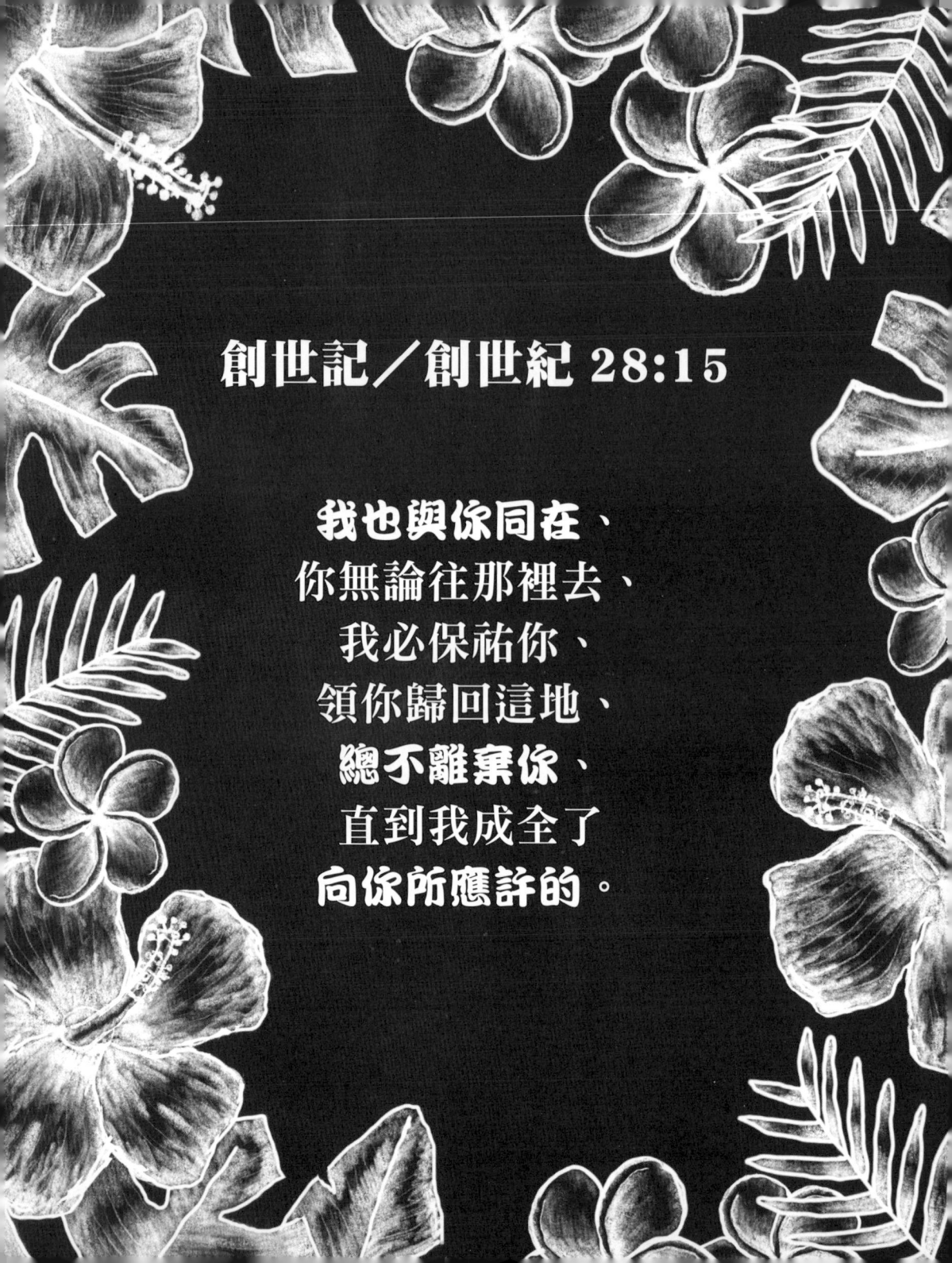

06
反省深思

信仰帶來力量

當知道神承諾,無論你走到哪裡,祂都會與你同在時,這令人感到多麼敬畏的平安啊!祂對你的人生有一個特別的計畫,而且祂永遠不會離棄你。無論你處於生命中的哪個階段、面臨了什麼困難,或你正在處理的、無法確定的事,上帝都與你同在。

列出你的擔憂和顧慮,及你的希望和喜樂。停下來,透過禱告將這些想法帶到神面前,相信神會永遠滿足你的需要,絕不撇下你。

感謝主

教導我

引領我

提摩太前書／弟茂德前書 2:1-2

我勸你第一要為萬人懇求、禱告、代求、祝謝。
為君王和一切在位的也該如此，
使我們可以敬虔端正、平安無事的度日。

我的心事

精彩亮點

禱告祈求

申命記／申命紀 31:8

耶和華必在你前面行、
他必與你同在、
必不撇下你、
也不丟棄你、
不要懼怕、
也不要驚惶。

07
反省深思

懼怕

　　生活經常是不可預測的。你可能會發現自己此時處在一個從未想像過的境地，你可能會發現自己對沒有得到的工作機會洩氣、對尚未找到的另一半感到灰心、對當前的婚姻失望，甚至是對你或你所愛的人最近被診斷出的結果感到恐懼。你可以在基督裡找到避難所，因為你知道，祂會跟在你身後、與你同在、也會走在你前面，永遠不會撇下你。祂與你一起走過你的旅程，祂早在事情發生前或事情將要來臨之前，就知道你會遇到什麼情況。

　　現在有什麼事情壓在你的心頭上呢？把它交給上帝。祂在這裡、祂在聆聽，而且祂已經走在你前面，看著你踏出的每一步。

感謝主

教導我

引領我

羅馬書 12:12

在指望中要喜樂,在患難中要忍耐。禱告要恆切。

我的心事

精彩亮點

禱告祈求

約翰一書／若望一書 1:9

我們若認自己的罪、
神是信實的、
是公義的、
必要赦免我們的罪、
洗淨我們一切的不義。

08
反省深思

恩典與寬恕

　　上帝是仁慈和寬容的——如此簡單的一句話，卻蘊含廣大的意義。我們身為人類，缺乏完全理解祂是多麼崇高和榮耀的能力，然而，祂所創造且非常珍愛的我們在這裡，我們這些微小的受造物在一個巨大的宇宙中！祂渴望擁有你的心——整顆心。無論你犯了什麼罪，或你因犯下的罪將面臨的任何罪責，首先要把它帶到上帝面前。因為所有人都犯了罪——包括很多人，但如果我們向上帝承認我們的罪，祂承諾會寬恕並淨化我們不義的行為。

　　你的生活中，是否在任何方面因為有罪過的決定而讓心靈感到沉重？你有沒有把這件事帶到上帝面前並請求祂的寬恕？你相信神已經原諒你了嗎？

　　請在下面空白處寫下你的想法。

感謝主

教導我

引領我

雅各書 5:16

所以你們要彼此認罪、互相代求、使你們可以得醫治。
義人祈禱所發的力量、是大有功效的。

我的心事

精彩亮點

禱告祈求

彼得前書／伯多祿前書 3:3-4

你們不要以外面的
辮頭髮、戴金飾、
穿美衣、為妝飾，
只要以裡面存著
長久溫柔安靜的心為妝飾，
這在　神面前是極寶貴的。

09 反省深思

愛與內在美

　　我們生活在一個充滿壓力的世界，被要求看起來符合某種標準，穿著要讓人留下深刻印象，還要避免任何顯示老化的跡象。難怪化妝品、時尚和整形手術產業在當今社會如此賺錢！想要外表好看也沒什麼錯。事實上，在我們之中的有些人，當感覺自己外表美麗時，也覺得自己擁有了最好的內在。然而，上帝最重視的是你內心所發生的事！祂看著你的內心。祂希望你有一個溫柔寧靜的靈，能快快地愛，慢慢地發怒。

　　當今社會是否讓你感到有外貌上的壓力？你比較注重自己的外表，還是內在美？有哪些方法可以讓你更專注於上帝對你內在自我的渴望？

感謝主

教導我

引領我

歷代志下／編年紀下 7:14

這稱為我名下的子民、
若是自卑、禱告、尋求我的面、轉離他們的惡行，
我必從天上垂聽、赦免他們的罪醫治他們的地。

我的心事

精彩亮點

禱告祈求

**以弗所書／
厄弗所書 2:10**

我們原是他的工作、
**在基督耶穌裡造成的、
為要叫我們行善、**
就是　神所預備叫我們行的。

10
反省深思

供應與信實

你是否曾經停下來思考過,你是由上帝——整個宇宙的全能創造者所創造的?!祂是位終極藝術家,而你是祂美麗的傑作,被賦予獨特的能力和才華。

你覺得上帝呼召你去做哪些「善事」?

上帝賜給你的天賦、才能和願望是什麼?

你如何能將你的恩賜與上帝的呼召結合起來,從而造福他人?

感謝主

教導我

引領我

約翰福音 14:13

你們奉我的名、無論求甚麼、我必成就、叫父因兒子得榮耀。

我的心事

精彩亮點

禱告祈求

加拉太書／迦拉達書 6:2

你們各人的重擔
要互相擔當、
如此、
就完全了基督的律法。

11
反省深思

逆境與試煉

此時此刻，上帝已將你精確地安置在你所在的位置。你周遭的人（包括你的朋友、同事、鄰居）、你的家人以及你所處的環境，都是神為你生命所計劃的一部分！

在你的生命中，你依靠哪些人來幫助你承擔你的重擔？而哪些人依靠著你？他們在哪些方面需要依靠你？在分享你的重擔並在他人經歷困難時支持他們的過程中，你如何體驗神的恩典？

感謝主

教導我

引領我

詩篇 34:17
義人呼求、耶和華聽見了、便救他們脫離一切患難。

我的心事

精彩亮點

禱告祈求

詩篇 147:3

他醫好傷心的人、
裹好他們的傷處。

12
反省深思

神的愛

神的愛是心碎的良藥,就像時間可以治癒肉體的傷口一樣。你可以確信,上帝是你最終的醫治者,祂非常愛你!祂渴望你的心,並與你建立充滿愛的親密關係,祂永遠不會丟棄你。

你是否曾經歷過心碎或其他任何痛苦的人生經驗?在那段時間,你有去找上帝嗎?你是怎樣經歷神的安慰和愛呢?這節經文如何在你前行的路上鼓勵你?

感謝主

教導我

引領我

詩篇 145:18-19

凡求告耶和華的、就是誠心求告他的、耶和華便與他們相近。敬畏他的、他必成就他們的心願，也必聽他們的呼求、拯救他們。

我的心事

精彩亮點

禱告祈求

以弗所書 3:20-21

神能照著運行在
我們心裡的大力、
充充足足的成就一切
超過我們所求所想的,
**但願他在教會中、
並在基督耶穌裡、
得著榮耀、
直到世世代代、
永永遠遠。
阿們。**

13
反省深思

敬畏與主權

你是個夢想家嗎？在你一生中有想要實現的目標和願望嗎？你是否意識到住在你內心的宇宙之神，可以透過你完成比你自己所能要求或想像的事情還要多更多？！祂可以用你意想不到的方式使用你。堅持你擁有的那些夢想和目標！你永遠不知道神會如何使用你內心的渴望和目標，來實現祂對你生命的完美目的。堅持你的夢想並繼續依靠祂和祂的完美時機，並知道你擁有這些渴望是有原因的！

寫下你的人生夢想和目標。你相信神為了祂完美的目的，將你安置在你現在的位置嗎？你會和神分享你的希望和夢想嗎？

感謝主

教導我

引領我

約翰一書 5:14

我們若照他的旨意求甚麼、他就聽我們,這是我們向他所存坦然無懼的心。

我的心事

精彩亮點

禱告祈求

詩篇 46:5

神在其中,
城必不動搖;
到天一亮、
神必幫助這城。

14
反省深思

———— 信仰帶來力量 ————

你會如何以有目標、充滿希望和喜悅的態度來迎接每一天？
仔細想想神如何住在你裡面，以及祂的應許所帶來的鼓勵。
對以上兩個提問的認知，會如何影響你日復一日的活動？

感謝主

教導我

引領我

詩篇 5:3

耶和華阿、早晨你必聽我的聲音,
早晨我必向你陳明我的心意,並要儆醒。

我的心事

精彩亮點

禱告祈求

腓立比書／斐理伯書 4:6-7

應當一無挂慮、
只要凡事藉著
禱告、祈求、和感謝、
將你們所要的告訴　神。
神所賜出人意外的平安、
必在基督耶穌裡、
保守你們的心懷意念。

15
反省深思

懼怕

　　我們生活在一個墮落的世界裡，有敵人潛伏，還有令人心碎的消息，似乎已成為常態。難怪在今天社會中，人們普遍感到焦慮和恐懼。神希望你讓祂分擔你的憂慮，反過來，祂的平安會在基督耶穌裡，保守你的心懷意念！

　　你是否曾發現自己被焦慮和憂慮所困擾？你如何處理他們？你最先的直覺是將這些憂慮帶到上帝面前嗎？藉此機會列出在你心中感到沉重的事。仔細想想，你可以如何「懷著感恩」將這些呈現給上帝。

感謝主

教導我

引領我

詩篇 4:1

顯我為義的　神阿、我呼籲的時候、求你應允我,
我在困苦中、你曾使我寬廣,
現在求你憐恤我、聽我的禱告。

我的心事

精彩亮點

禱告祈求

彌迦書／米該亞 6:8

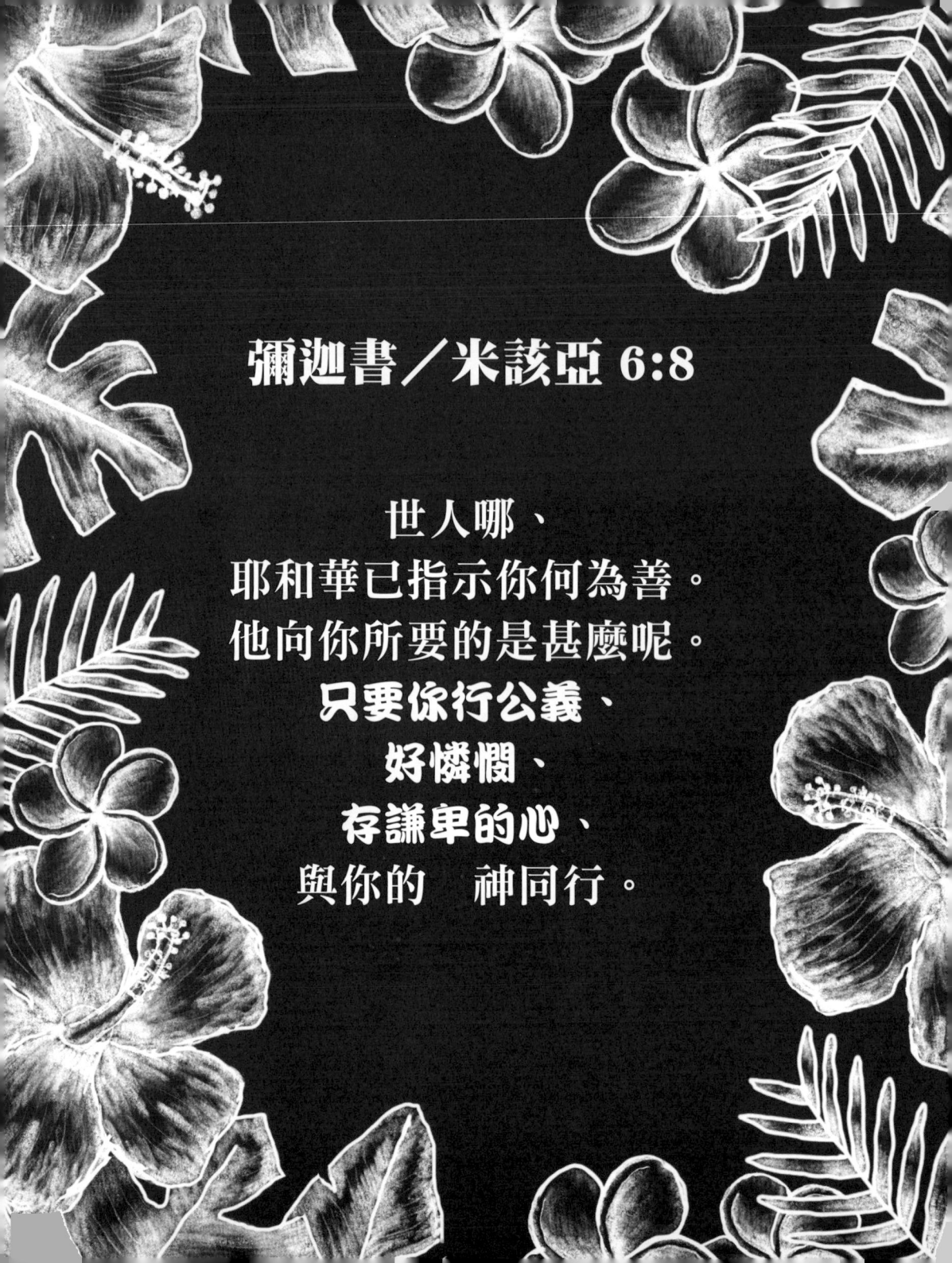

世人哪、
耶和華已指示你何為善。
他向你所要的是甚麼呢。
**只要你行公義、
好憐憫、
存謙卑的心、**
與你的　神同行。

16
反省深思

愛與內在美

有趣的是，我們有時會表現得像：「我完成了 X、Y、Z，所以我應得＿＿＿＿。」或者，「你帶給我痛苦或心痛，所以你應該得到＿＿＿＿」。人們很容易就陷入「自以為道德上高人一等」的感覺中，而錯失更大的前景。

上帝呼召我們行公義，好憐憫。這些特質似乎是相互對立的：公義＝平等和公平對待，而憐憫＝寬恕和同情心。乍看之下，這些好像是衝突的，實際上它們是一起和諧工作的，就像基督在《聖經》中為我們樹立的榜樣，祂充滿憐憫地為我們的罪死在十字架上。最重要的是，我們被呼召要謙卑地與神同行！神比我們的自我和自以為是要偉大得多。祂希望我們的心熱切地跟隨祂，以及跟隨祂對我們生命的旨意！

你是否在這些方面遇到困難？你能透過哪些方式向周圍的人展現神期望你具備的特質？

感謝主

教導我

引領我

羅馬書 8:26

況且我們的軟弱有聖靈幫助、我們本不曉得當怎樣禱告、只是聖靈親自用說不出來的歎息、替我們禱告。

我的心事

精彩亮點

禱告祈求

雅各書 1:5

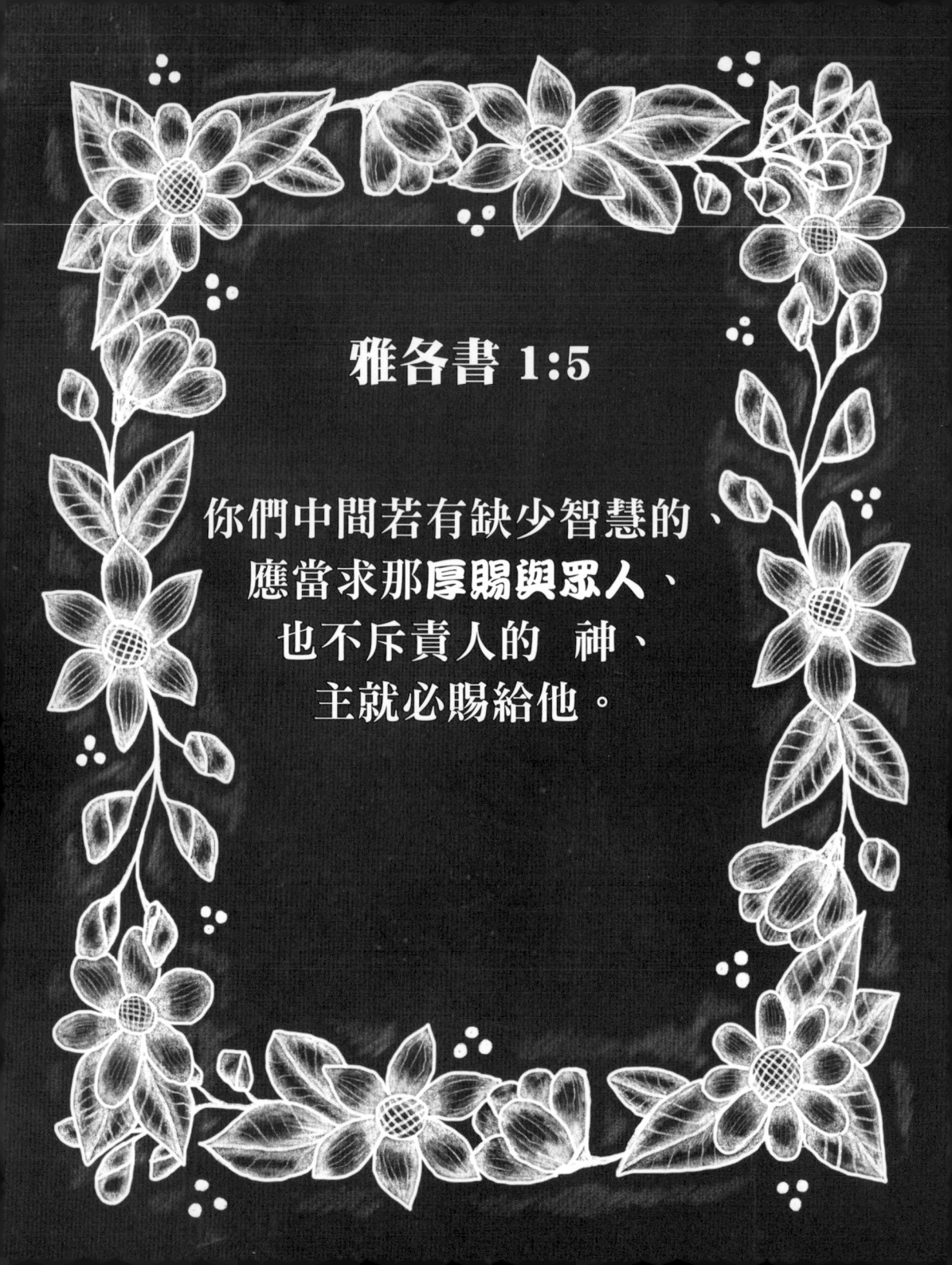

你們中間若有缺少智慧的、
應當求那**厚賜與眾人**、
也不斥責人的 神、
主就必賜給他。

17
反省深思

―― 供應與信實 ――

　　人生充滿不可預測的時刻，包括一些你可能覺得自己因為缺乏經驗而無法應付的時刻。你可能會覺得其他人可以將上帝在你生活中安排的這種情況處理得更好。恰恰相反，神希望你直接來到祂面前，尤其是當你懷疑自己能力的時候！祂會給你智慧和理解力，讓你用最好的方式來處理這些時刻。

　　當遇到困難或對某件事感到不確定時，你會怎麼做呢？
　　寫下一個一開始你不知道如何處理，但上帝帶領你順利通過考驗的經驗。

感謝主

教導我

引領我

約翰一書 3:21-22

親愛的弟兄阿、我們的心若不責備我們、
就可以向 神坦然無懼了,
並且我們一切所求的、就從他得著,
因為我們遵守他的命令、行他所喜悅的事。

我的心事

精彩亮點

禱告祈求

列王紀上 19:11-13

耶和華說、
你出來站在山上、在我面前。
那時耶和華從那裡經過、
在他面前有烈風大作、崩山碎石、
耶和華卻不在風中，
風後地震、耶和華卻不在其中，
地震後有火、耶和華也不在火中，
火後有**微小的聲音**，以利亞聽見、
就用外衣蒙上臉、出來站在洞口。

18
反省深思

神的愛

你有沒有思考過這段經文的意義？當以利亞（厄里亞）躲在山洞，擔心自己的生命安全時，主告訴他要出去站在山上、站在主的面前，因為祂即將經過此地。以利亞等待著，一陣強風、地震和火災，一個接一個接連出現；然後傳來一聲輕柔的耳語。以利亞一聽見輕柔的耳語，就起身出去，知道是主來了。

有時候我們過於專注在日復一日忙碌的生活中，以至於忘記停下來，靜靜聆聽上帝對我們說話的聲音。那安靜、細小的聲音、那低語──是很親密的。你不能對房間裡另一邊的人輕聲耳語，他們必須靠近才聽得到。這充分表明了上帝是誰。祂就在附近──近到祂可以用輕柔的耳語跟你說話！

你是否有過這樣的經驗：你知道神就是在對你說話？這對你來說，是種什麼樣的經驗？有時候，你是否很難抽出時間靜下來聽祂說的話？有哪些方法可以讓你成為更好的傾聽者？請在下面寫下你的想法。

感謝主

教導我

引領我

耶利米書／耶肋米亞 29:12

你們要呼求我、禱告我、我就應允你們。

我的心事

精彩亮點

禱告祈求

羅馬書 5:3-5

不但如此、
就是**在患難中**、
也是歡歡喜喜的，
因為知道患難生忍耐，
忍耐生老練，老練生盼望，
盼望不至於羞恥，
因為所賜給我們的聖靈、
將　神的愛澆灌在我們心裡。

19
反省深思

逆境與試煉

基督教和苦難是一組整套的交易。雖然困難重重,但在充滿試煉和困難的時期,卻能為自己和他人帶來極大的正面影響。生活中的困難其實可以讓你更接近上帝,帶來其他美好的結果!當你感覺到周圍的世界正在崩潰時,要知道上帝就在那裡,在旅程中與你並肩同行。祂期待聽到你的回音!上帝利用這些經驗來塑造你的內心和品格,並為了提供其他人,在將來的某一天可能也會面臨類似情況時,能得到的希望和支持。

你正在經歷一段難捱或痛苦的時期嗎?你有沒有過這樣的經驗,當別人看到你的經歷後,你給了他們希望?寫下一次你面臨過的考驗,但後來這個考驗卻改變了你和你看待事物的觀點。

感謝主

教導我

引領我

雅各書 5:13

你們中間有受苦的呢、他就該禱告。
有喜樂的呢、他就該歌頌。

我的心事

精彩亮點

禱告祈求

箴言 19:21

人心多有計謀，
惟有耶和華的籌算、
纔能立定。

20
反省深思

敬畏與主權

要有信心，知道神可以（而且願意！）利用你生活的任何情況或環境來達到祂對你美好和完美的目的。這太鼓舞人心了！你的選擇——無論是好的還是不好的——神都可以使用你**所有**的選擇來達成祂的目的。

有多少次你走上一條路，或為你的人生安排了計畫，卻在途中遇到意想不到的轉折？這些轉折對你有什麼影響？使你更接近上帝還是遠離祂？仔細想想並寫下你的經驗。

感謝主

教導我

引領我

約翰一書 5:15

既然知道他聽我們一切所求的、
就知道我們所求於他的無不得著。

我的心事

精彩亮點

禱告祈求

希伯來書 11:6

人非有信、
就不能得　神的喜悅，
因為到　神面前來的人、
必須信有神，
且信他賞賜那尋求他的人。

21
反省深思

信仰帶來力量

你曾與信仰產生的懷疑搏鬥過嗎？對大多數人來說，對信仰的懷疑會悄悄地出現，通常在當你面臨一些非常困難的事情，或者當你對於下某個決定感到不確定時。你可能想知道，為什麼上帝會允許這樣或那樣的事情發生在你身上；你甚至可能想知道，當你如此痛苦時，祂是否真的在那裡；或者當你覺得聽不到祂的任何回應時，祂是否真的聽到了你的祈禱。你可能會覺得自己被呼召去做某事，但想知道這是否真的是你該做的事。

身為信徒，對信仰產生懷疑是很正常的——我們畢竟是人。但這正是信心發揮作用的地方。信就是所望之事的實底、是未見之事的確據（希伯來書 11:1）。看看周遭，試想一下：若你看著一支手錶，並毫無疑問地知道它是由某人所創造，那你又怎能不更深刻地看著周圍的世界——在它所有的美麗和複雜中——更確信我們的造物主是這一切的幕後推手呢？

你是否曾對神的信仰掙扎過？你是如何克服你的疑慮呢？你是否在感到不確定的時期也尋求祂？請在下方寫下這些經歷。

感謝主

教導我

引領我

雅各書 1:6

只要憑著信心求、一點不疑惑,
因為那疑惑的人、就像海中的波浪、被風吹動翻騰。

我的心事

精彩亮點

禱告祈求

以弗所書 4:32

並要以恩慈相待、
　存憐憫的心、
　　彼此饒恕、
正如　神在基督裡
饒恕了你們一樣。

22 反省深思

恩典與寬恕

寬恕,有時很困難,不是嗎?那個人怎敢在開車時切入我的車前?我的另一半怎敢這樣對我說話?我的孩子怎敢把這個爛攤子留給我收拾?他們怎麼都敢這麼做!

這個嘛,話別說那麼快。《聖經》告訴我們,我們都是罪人,我們全都辜負神的榮耀。寬恕的根源來自上帝是誰,還有祂為什麼差遣祂的兒子耶穌基督為我們死在十字架上!我們並不值得上帝的寬恕或憐憫,但祂將寬恕和憐憫白白地給了我們,讓我們能與祂建立關係。這就是愛!

你是個容易記仇的人,還是你是個很容易原諒別人的人?
你如何處理要寬恕某人的挑戰,特別是當你並不想這麼做的時候?

感謝主

教導我

引領我

路加福音 6:27-28

只是我告訴你們這聽道的人、
你們的仇敵要愛他、恨你們的要待他好。
咒詛你們的要為他祝福、凌辱你們的要為他禱告。

我的心事

精彩亮點

禱告祈求

箴言 4:23

你要保守你心、
勝過保守一切
〔或作你要切切保守你心〕
因為一生的果效、
是由心發出。

23
反省深思

愛與內在美

人類的心是一個不可思議的器官,它與我們的身體健康息息相關,也與我們的靈性健康緊密相連。從靈性的角度來看,我們的渴望、想法、感覺、情緒和行為,都反映出我們內心深處正在發生的事情。為了以最好的方式保護它,神希望我們與祂和祂的話語保持一致。

你的靈性健康曾受過損害嗎?你是如何處理它的?你做了些什麼來治癒它,讓自己重新調整到符合神對你的期望呢?

感謝主

教導我

引領我

馬太福音／瑪竇福音 6:6

你禱告的時候、要進你的內屋、關上門、禱告你在暗中的父、你父在暗中察看、必然報答你。

我的心事

精彩亮點

禱告祈求

希伯來書 13:5

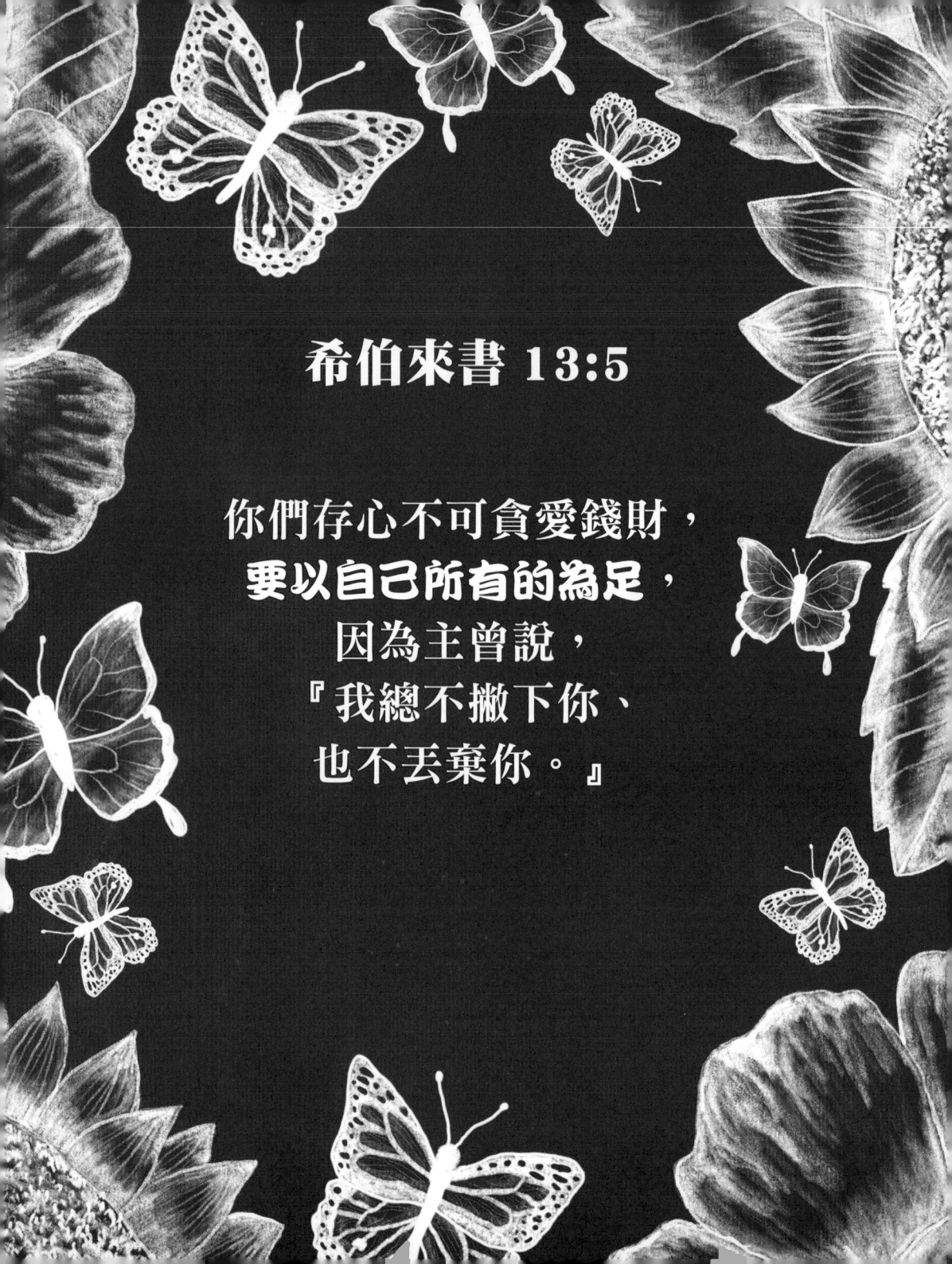

你們存心不可貪愛錢財,
要以自己所有的為足,
因為主曾說,
『我總不撇下你、
也不丟棄你。』

24
反省深思

供應與信實

　　身為社會的一分子，我們總想要更多、更好：更好的衣服、更高檔的汽車、更大的房子。當代的廣告也傳達了我們應該不斷「升級」的觀念。

　　你是一個對自己所擁有的一切感到滿足的人嗎？還是你是一個追求「更多」的人？神在哪些方面供應了你的需求？你相信神會永遠供應你的需求嗎？

感謝主

教導我

引領我

彼得前書 4:7

萬物的結局近了，所以你們要謹慎自守、儆醒禱告。

我的心事

精彩亮點

禱告祈求

雅各書 1:2-4

我的弟兄們、
你們落在百般試煉中、
都要以為大喜樂，
因為知道你們的
信心經過試驗、就生忍耐。
但忍耐也當成功、
使你們成全完備、
毫無缺欠。

25
反省深思

逆境與試煉

當我們讀著——試煉、困難、挑戰、逆境和艱難的時刻——這些詞彙時,很難將它們與積極正面的事情聯想在一起。然而,這些正是幫助你成長為信徒的事。這些困難的挑戰要求你堅持不懈,也會轉而增強你的信心和成熟度——甚至帶來喜樂!困難時期往往最終會引導人們忍受困難並走向上帝,這反過來又鼓勵人們與上帝的關係成長。甚至有一天,上帝可能利用你的生活經驗來造福他人!

過去,你曾克服過哪些困難?你目前面臨什麼樣的考驗?這些經歷如何塑造你這個人?這些困難的經歷測試了你嗎?這些經歷如何強化你的信仰?

感謝主

教導我

引領我

詩篇 34:15

耶和華的眼目、看顧義人、他的耳朵、聽他們的呼求。

我的心事

精彩亮點

禱告祈求

馬太福音 5:14-16

你們是世上的光,
城造在山上、是不能隱藏的。
人點燈、不放在斗底下、
是放在燈臺上,
就照亮一家的人。
你們的光也當這樣照在人前、
叫他們看見你們的好行為,
便將榮耀歸給
你們在天上的父。

26
反省深思

神的愛

　　就像一盞燈照亮一個房間一樣,信徒們被呼召讓他們的光閃耀。那光就是住在你裡面的聖靈。當你得到救恩時,你就是一個新造的人,被聖靈充滿——你是世界的光!身為基督徒,你有一個呼召。人們正在看著你,你的行為、言語、善行,以及你如何愛他人(雖然也許不完美——因為你是人!),這些都應該反映出你的救恩和神的愛在你內在的運作。透過你所散發的光芒,讓別人能看到你的內心深處有一種其他人拼命在尋找的希望;你可以溫和地將人們引向上帝!

　　有哪些方法能讓你的光芒照耀其他人?有沒有人告訴過你,他們注意到你身上有些與眾不同之處,是關於你如何過生活的、與眾不同的方式?

　　這節經文對你來說意味著什麼?

感謝主

教導我

引領我

箴言 15:29

耶和華遠離惡人,卻聽義人的禱告。

我的心事

精彩亮點

禱告祈求

加拉太書 6:9

我們**行善**、
不可喪志,
若不灰心、
到了時候、
就**要收成**。

27
反省深思

―― **敬畏與主權** ――

　　這是事實：現代生活往往忙碌而且令人喘不過氣，但你可以放心，上帝知道你正在經歷一切，祂也會與你同在，並和你共同經歷這一切。祂希望你繼續努力、行善、愛人，因為在祂美好而完美的時機，你會看到這些行動和行為所結出的果實！

　　你是否覺得要同時兼顧所有的需求，對你的時間而言，頗具挑戰？你是否相信神將你準確地安置在你生命的位置上，是為了祂對你美好而完美的目的？仔細想想你面臨的挑戰，及上帝如何利用這些挑戰來實現祂更偉大的目的。

感謝主

教導我

引領我

歌羅西書／哥羅森書 4:2
你們要恆切禱告、在此儆醒感恩。

我的心事

精彩亮點

禱告祈求

詩篇 121:2

我的幫助從
造天地的耶和華而來。

28 反省深思

信仰帶來力量

神是你最終的幫手!無論在順境或逆境,祂總是陪在你身邊。

當你面對逆境時,你的第一個反應是什麼?你會求助於世俗的解決方法,還是先把你的煩惱帶到神的面前?你現在生活中所面臨的挑戰有哪些?你是否將它們交給神,並相信祂會聆聽你的禱告,知道你的需要?請在下方寫下你面臨的挑戰,將你的憂慮交託給上帝。

感謝主

教導我

引領我

詩篇 17:6

神阿、我曾求告你、因為你必應允我，
求你向我側耳、聽我的言語。

我的心事

精彩亮點

禱告祈求

詩篇 118:5-6

我在急難中求告耶和華、
他就應允我、
把我安置在寬闊之地。
有**耶和華幫助我**，
我必不懼怕，
人能把我怎麼樣呢。

29
反省深思

― 懼怕 ―

我們在生命的某些時刻都會經歷痛苦,這是無法避免的。神希望與你建立一種包含祈禱和信仰的關係,無論在順境或逆境中。祂永遠和你在一起,絕不撇下你。

回想你生命裡一段痛苦的時光,當時發生了什麼事?你有沒有發現自己是依靠神的幫助來度過難關的?你從那次經驗中如何學習成長?你對自己有什麼樣的了解?你與神的關係有什麼樣的改變或成長呢?

感謝主

教導我

引領我

詩篇 102:17
他垂聽窮人的禱告、並不藐視他們的祈求。

我的心事

精彩亮點

禱告祈求

箴言 31:30

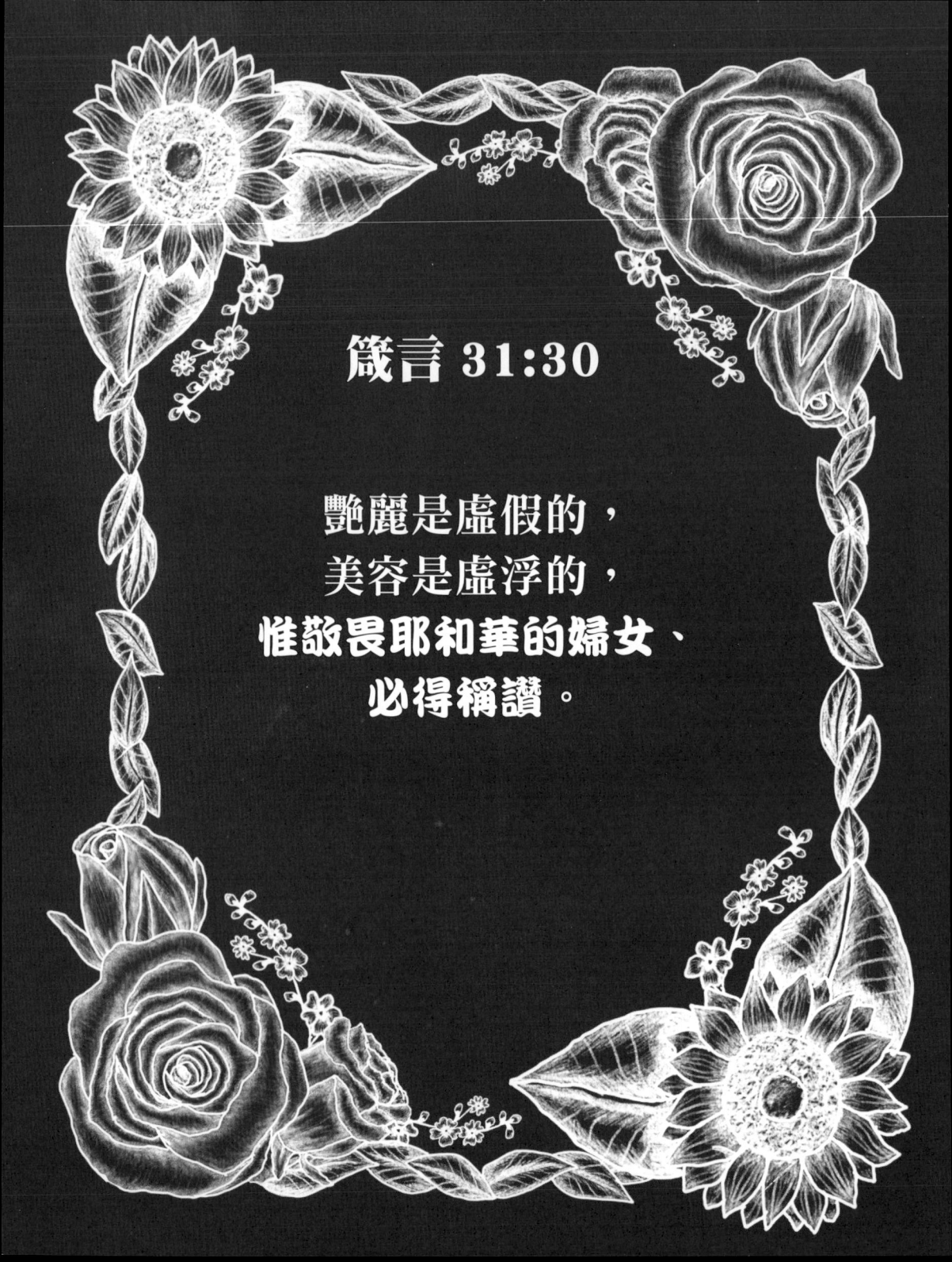

艷麗是虛假的,
美容是虛浮的,
惟敬畏耶和華的婦女、
必得稱讚。

30
反省深思

愛與內在美

這個世界充滿了迷人與美麗的事物,但若在你生命中,你將它們視為比上帝還珍貴,最終這些會讓你感到空虛和失望。敬畏主的女子是值得稱讚的,因她將神看得比什麼都重要。祂是唯一一個能真正滿足你最深需求和願望,也是唯一一個從長遠來看不會讓你感到失望和空虛的!請相信並接受上帝的主權,在祂的庇護下,在高低起伏的人生旅程中信靠祂。

你認為哪些事是有價值的?這些事物在你的生活中是否具有適當的分量,還是你高估了它們?你敬畏主並相信祂對你的生命擁有主權嗎?

感謝主

教導我

引領我

雅各書 4:3

你們求也得不著、是因為你們妄求、
要浪費在你們的宴樂中。

我的心事

精彩亮點

禱告祈求

以賽亞書 58:11

耶和華也必時常**引導**你、
在乾旱之地
使你心滿意足、骨頭強壯,
你必像澆灌的園子、
又像水流不絕的泉源。

31
反省深思

供應與信實

你是否曾經感到不確定或沒有能力處理生活中不可預測的時刻——與朋友或親人間的問題、健康狀況、工作壓力、失去的事物,甚至是你內心的掙扎?要知道神承諾會引導你、滿足你的需求,並賜給你力量,讓你能處理生活中所遇到的任何困難。

在你生命中的哪些方面(過去或現在),神加強了你的力量,並為你提供了處理生活中突如其來的難題所需的一切?

感謝主

教導我

引領我

馬太福音 7:11

你們雖然不好、尚且知道拿好東西給兒女、何況你們在天上的父、豈不更把好東西給求他的人麼。

我的心事

精彩亮點

禱告祈求

耶利米書 29:13

你們尋求我、
若**專心尋求我**、
就必尋見。

32
反省深思

神的愛

　　你有玩過捉迷藏的遊戲嗎？「躲藏者」躲起來並耐心等待，直到尋找者完成倒數計時，來找尋他或她。尋找者不斷地尋找，直到最後找到躲藏者。

　　幸運的是，上帝不會這麼做。祂不會躲著你，也不會坐在某個隱密的地方，等到如果你都找不到祂，祂才會自己出現。然而，祂確實希望你尋求祂。祂一直與你同在（無論你是否與祂相交），祂渴望與你建立愛的連結！祂希望你尋求祂！向祂祈禱，跟祂展開對話，閱讀祂的話語。祂有很多話要對你說，並渴望擁有你的心！

　　你有空出時間與神獨處嗎？你尋求主的方法有哪些呢？你在什麼時候感覺與祂最親近？你覺得祂用哪些方式跟你說話？

感謝主

教導我

引領我

路加福音 11:9

我又告訴你們、你們祈求就給你們，尋找就尋見，叩門就給你們開門。

我的心事

精彩亮點

禱告祈求

馬太福音 19:26

耶穌看著他們說、
在人這是不能的,
在 神凡事都能。

33
反省深思

逆境與試煉

跟著我重述:「在神,凡事都能。」再重複一次:「在神凡事都能。」如果神這麼說,那你就可以放心,這絕對是真的!如果上帝能分開海水、醫治盲人、讓人起死回生,那麼你最好相信,祂一定能處理你生活中所發生的任何事!

寫下你生活中任何感到不確定的地方。你是否正在經歷任何讓你感到失望的事情或面臨一個特定的挑戰?也許你覺得自己處於一個不錯的境地,但卻擔心著別人。你相信神能處理你心中所有的事嗎?

感謝主

教導我

引領我

希伯來書 5:7

基督在肉體的時候、既大聲哀哭、流淚禱告懇求那能救他免死的主、就因他的虔誠、蒙了應允。

我的心事

精彩亮點

禱告祈求

詩篇 37:4

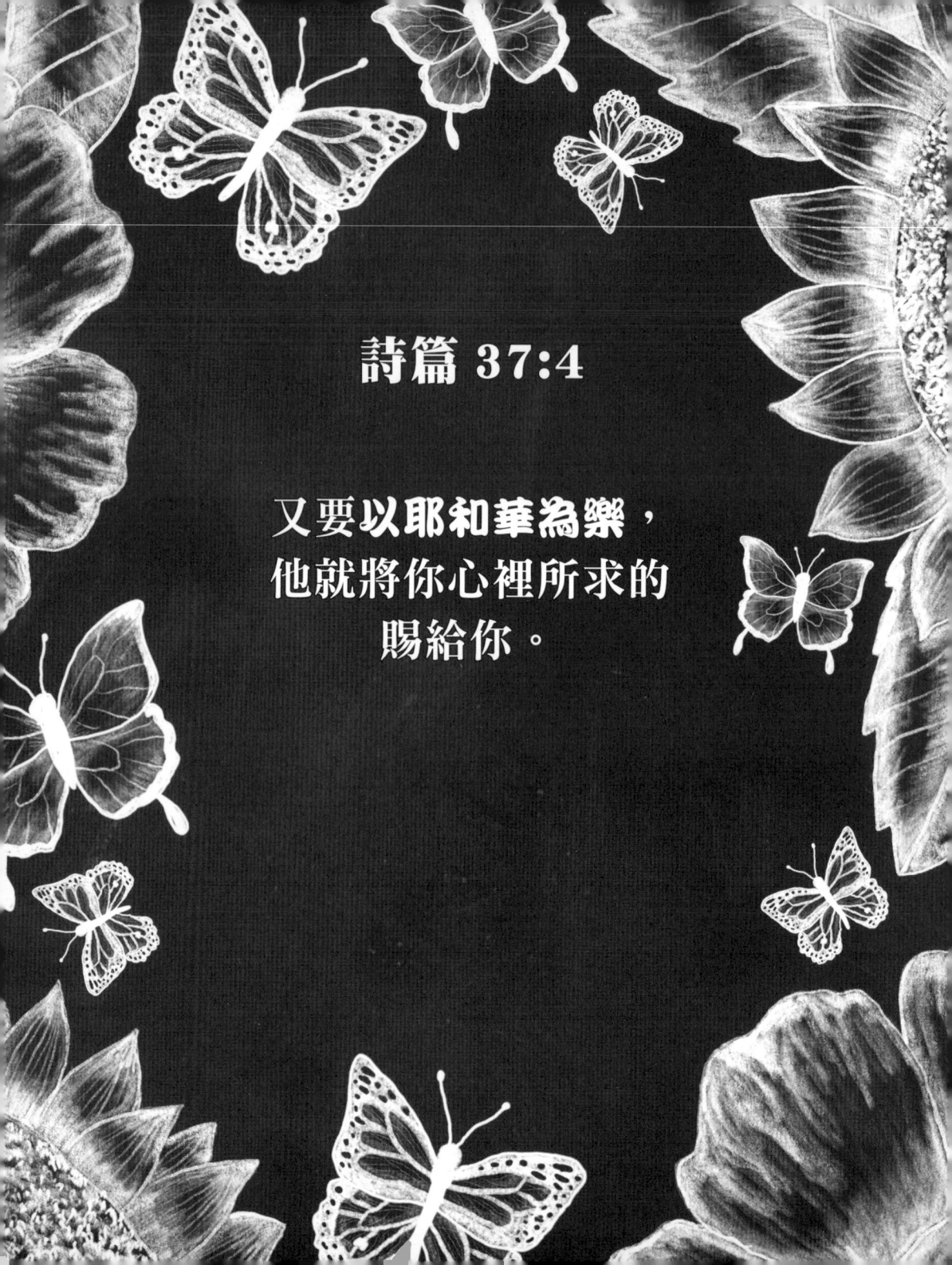

又要以耶和華為樂,
他就將你心裡所求的
賜給你。

34
反省深思

敬畏與主權

　　每個人都對自己的生活懷有希望和渴望。想要擁有一個家、擁有自己的孩子和家庭、在事業上得到成功、或只是單純期盼身體健康快樂的願望，這些都是美好且值得堅持的希望和夢想。然而要知道，「以主為樂」也意味著相信祂和祂完美的時機。你可能在生命的此時此刻想要或渴望某些東西，但上帝可能告訴你，現在還不是時候。也許祂想以一種與你想像完全不同（而且更好）的方式來實現你的願望！在實現這一個或那一個夢想之前，祂可能想透過你完成更多事情。也許祂想藉由你幫助別人實現夢想或願望，也許祂想帶你走的路會引導你實現內心其中一個願望。保持信心，首先以祂為樂，相信祂愛你並知道什麼對你最好！

　　你內心最大的願望是什麼？你有與神分享過它們嗎？在你的生命中，主已經實現了你的哪些希望和渴望呢？

感謝主

教導我

引領我

馬可福音／馬爾谷福音 11:24

所以我告訴你們、
凡你們禱告祈求的、無論是甚麼、
只要信是得著的、就必得著。

我的心事

精彩亮點

禱告祈求

以賽亞書 40:31

但那等候耶和華的、
必從新得力、
他們必如鷹展翅上騰、
他們奔跑卻不困倦、
行走卻不疲乏。

35
反省深思

信仰帶來力量

神希望你相信祂,祂承諾會給你力量。

完全信靠神,可能讓人感覺說起來容易但做起來困難,尤其是當我們面對似乎難以處理的情況時,然而祂的應許是真實而美好的!

你如何處理自己的弱點和需要奮鬥的事情?你是否將你的感受和憂慮帶到上帝的面前?寫下上帝曾賜予你力量,讓你能夠處理當時對你而言看似不可能的事情的經歷。

感謝主

教導我

引領我

路加福音 18:1

耶穌設一個比喻、是要人常常禱告、不可灰心。

我的心事

精彩亮點

禱告祈求

希伯來書 4:16

所以我們只管坦然無懼的、
來到施恩的寶座前、
為要得憐恤、蒙恩惠
作隨時的幫助。

36
反省深思

恩典與寬恕

你是否曾經想過，神透過祂的兒子耶穌基督，賜給我們奇妙的恩典和憐憫？身為罪人，我們理當受到死亡和與上帝永久分離的最終懲罰。然而，神對我們的愛是如此偉大，也如此難以衡量，以至於差遣祂唯一的獨生子耶穌基督死在十字架上，如此一來，如果我們接受並相信祂，就可以免受永恆的懲罰！上帝和這個宇宙的創造者非常愛你，所以祂願意犧牲祂的兒子作為祭品，以便與你建立關係。這是多不可思議啊！？

儘管你過去做過一些事，但你是否曾努力接受神的愛和恩典？請在下面分享你的想法。

感謝主

教導我

引領我

約翰一書 1:9

我們若認自己的罪、 神是信實的、是公義的、必要赦免我們的罪、洗淨我們一切的不義。

我的心事

精彩亮點

禱告祈求

約翰一書 3:18

小子們哪、
我們相愛、
不要只在言語和舌頭上,
總要在行為和誠實上。

37
反省深思

―― 愛與內在美 ――

「行動勝於雄辯。」這句非常流行的短語用來表明，若沒有透過行動來證明的話，言語就毫無意義。想一想，有人說他們想保持身材，但仍然吃著不健康的食物也不運動。當然，這個人的行動勝於他的雄辯。

同樣的想法也適用於表達愛。言語可能很有意義，但行動才能證明這些話是真的！愛是透過行動表現出來的。一位丈夫照顧生病的妻子、一位鄰居在沒有特殊原因的情況下烤了些你最愛的瑪芬蛋糕，或一個同事幫助你完成一個他們不會因此得到任何認可的專案——這些都是用不同的方式，以行動表達愛的例子！

你可以透過哪些行動來愛別人？你可以藉由哪些上帝賦予你的獨特天賦和能力來向他人表達你的愛？反過來，別人的哪些行為讓你感受到最多的愛？

感謝主

教導我

引領我

詩篇 141:2

願我的禱告、如香陳列在你面前,
願我舉手祈求、如獻晚祭。

我的心事

精彩亮點

禱告祈求

哥林多前書 10:13

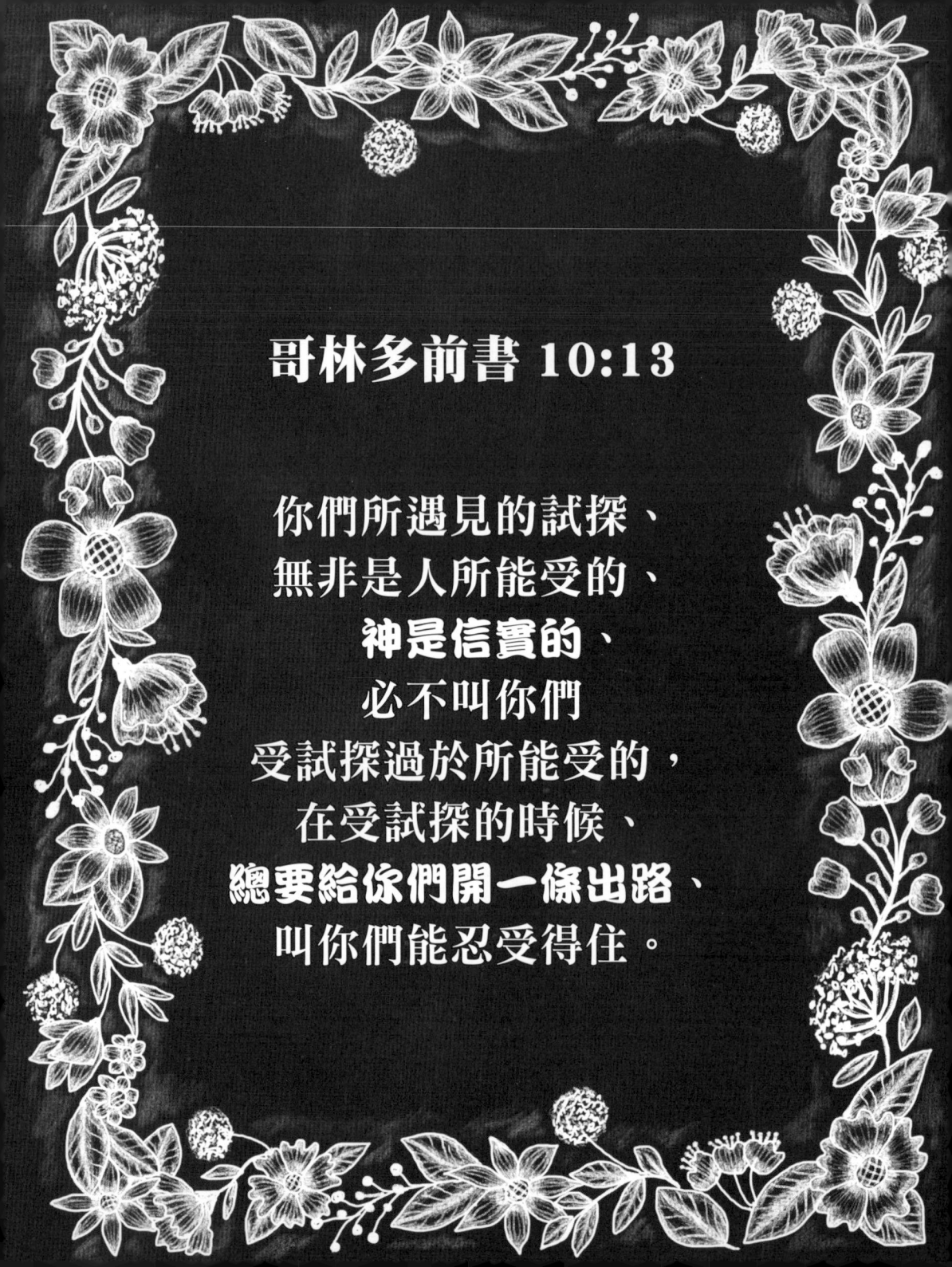

你們所遇見的試探、
無非是人所能受的、
神是信實的、
必不叫你們
受試探過於所能受的,
在受試探的時候、
總要給你們開一條出路、
叫你們能忍受得住。

38
反省深思

供應與信實

第一個罪已為當今世上普遍存在的罪鋪了路。人們屈服於世俗誘惑或沉溺於「這山望著那山高」的衝動太常見了，尤其是當事情變得艱難的時候。

神應許會保護你，以免超出你能力所能抵抗的誘惑，幫助你能忍受這些誘惑。請鼓勵自己，無論你周圍存在什麼誘惑，或你正與什麼誘惑抗爭，神都是信實的！祂承諾會提供一條出路！向祂敞開你的心房並尋求祂的應許。即便你感到誘惑無法抵擋時，祂也在那裡。

你正與哪些誘惑奮戰呢？當感到難以抵抗誘惑時，你會尋求神和祂的支援嗎？回想一次神所提供的，擺脫一個誘人情況的方法。

感謝主

教導我

引領我

馬太福音 26:41

總要儆醒禱告、免得入了迷惑，
你們心靈固然願意、肉體卻軟弱了。

我的心事

精彩亮點

禱告祈求

羅馬書 8:28

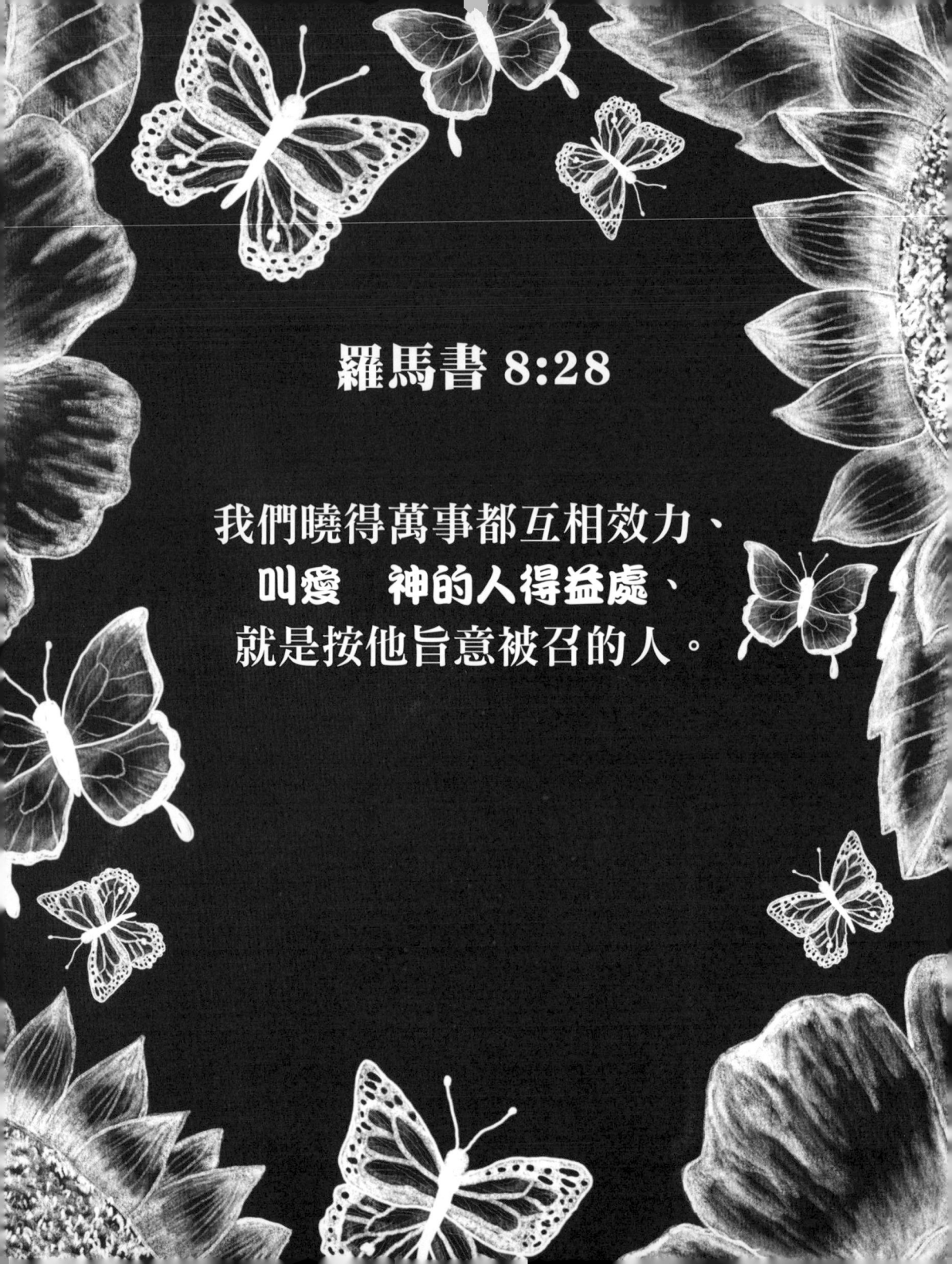

我們曉得萬事都互相效力、
叫愛　神的人得益處、
就是按他旨意被召的人。

39
反省深思

逆境與試煉

　　就像約瑟（若瑟）的故事一樣，他所經歷的考驗，最終讓他在埃及拯救了自己的人民，神也能利用你生命中的考驗和環境來結善果！你所忍受的任何事，沒有一件不是先經過神和在祂所掌管的權柄之下。回想一下，在受苦的過程中，約瑟並不知道神正在利用他生命中的這些事件，精心安排一個透過他來拯救他的子民的計畫！

　　相信神愛你，祂知道什麼對你最好，祂對你的未來有一個計畫。祂正在為你的益處而使事情發生在你身上；即使你身在其中，看不見祂的作為。請保持信念！

　　回想你生活中經歷過的一次考驗或挑戰，這些最終帶來了好的結果。在那段時間裡，你信賴神嗎？在經歷與神同行，度過了那次的挑戰後，這個經驗是否加強了你的信心？你現在正處於試煉或痛苦之中嗎？如果是這樣，請想想，上帝會如何試著透過你工作，並與你一起經歷這個充滿挑戰的時期。

感謝主

教導我

引領我

馬太福音 21:22

你們禱告、無論求甚麼、只要信、就必得著。

我的心事

精彩亮點

禱告祈求

耶利米哀歌／哀歌
3:22-23

我們不至消滅、
是出於耶和華諸般的慈愛、
是因他的憐憫、不至斷絕。
每早晨這都是新的，
你的誠實、極其廣大。

40
反省深思

神的愛

　　你被宇宙的造物主珍愛著。祂對你充滿慈悲和憐憫，而且對你的人生有個特別的計畫！身為人類，我們都是不完美的，容易受到罪惡本質的影響。然而，無論如何，神對祂兒女的愛和憐憫是無邊無際的。每個新的早晨也都具有象徵意義，因為光明衝破了黑暗。同樣地，你與基督的友愛之情可以克服你生活中的任何罪惡、過失或困難！

　　你是否相信神愛你，在過去、現在和未來都對你有永無止境的憐憫？請利用這個空間，寫下生活中任何讓你感到掙扎的地方，以及在哪些方面你會從更加敞開心扉，接受神的愛與憐憫中受益。

感謝主

教導我

引領我

馬可福音 1:35

次日早晨、天未亮的時候、耶穌起來、到曠野地方去、在那裡禱告。

我的心事

精彩亮點

禱告祈求

箴言 3:5

你要**專心**仰賴耶和華、
不可倚靠自己的聰明。

41
反省深思

敬畏與主權

身為人類,我們可能很難完全理解生活和周圍世界中發生的所有事情。你可能會對某個特殊情況的結果感到沮喪,或者發現你對自己生活的計畫已經朝著完全不同的方向發展。即便如此,神還是希望你相信祂!祂是至高無上的!請你對神充滿無比的信心,因為你要知道,整個宇宙的造物主愛你,並知道什麼對你來說是最好的。

寫下一個你需要真正信賴主的情況。發生什麼事?這次經歷是否增強了你的信心?結果如何?

感謝主

教導我

引領我

耶利米書 33:3

你求告我、我就應允你、並將你所不知道、又大又難的事、指示你。

我的心事

精彩亮點

禱告祈求

箴言 31:25

能力和**威儀**、
是他的衣服,
他想到日後的景況就喜笑。

42
反省深思

信仰帶來力量

　　身為女性，我們身兼多職。我們是母親、妻子、女兒、學生、教師、廚師、計程車司機、忙碌的專業人士，而且我們經常同時扮演當中的許多（或全部）角色！這可能讓人喘不過氣，但你可以充滿信心；因為，無論多麼困難，你知道神已經裝備你能處理生活中的所有角色。神應許要增添你力量，而且永遠不會撇下你。

　　寫下一次你所面臨的挑戰、逆境或面對未知的情況，但無論如何，你都能感受到內心的平靜和自信的經歷。在這段時間裡，你去找神了嗎？你有感受到祂的力量嗎？

感謝主

教導我

引領我

以弗所書 6:18

靠著聖靈、隨時多方禱告祈求、
並要在此儆醒不倦、為眾聖徒祈求。

我的心事

精彩亮點

禱告祈求

馬太福音 6:34

所以**不要為明天憂慮**，
因為明天自有明天的憂慮，
一天的難處一天當就夠了。

43
反省深思

懼怕

　　保持「活在當下」並過好每一天可能很難做到。你是一個擔憂的人嗎？你是否為無止境的待辦清單或超出你掌控範圍的事情而苦惱呢？今天在你身上有哪些令人感到喜悅和掙扎的事情呢？有哪些方法是你可以用來專注在當下的呢？你知道上帝其實早就知道，你在生命的此時此刻就會處在現在這裡嗎？

感謝主

教導我

引領我

約翰福音 16:23-24

我實實在在的告訴你們、你們若向父求甚麼、他必因我的名、賜給你們。向來你們沒有奉我的名求甚麼、如今你們求就必得著、叫你們的喜樂可以滿足。

我的心事

精彩亮點

禱告祈求

以弗所書 4:2

凡事謙虛、
　　溫柔、
　　忍耐、
用愛心互相寬容。

44
反省深思

―― 愛與內在美 ――

　　神希望我們的心謙卑、溫柔、忍耐並充滿對彼此的愛。在一個滿是殘酷競爭的世界中,「即時滿足」成為常態,使得上述這些特質很容易就消失。

　　你可以透過哪些方式向你周圍的人,從那些普通熟的人到最珍愛的親人,以及介於兩者之間的每個人,顯示你有一顆謙卑、溫柔、忍耐和充滿愛的心?你是否對於要做到這些特質中的任何一個而感到掙扎?其他人透過哪些方式向你顯現了這些特質?

感謝主

教導我

引領我

約翰福音 9:31

我們知道 神不聽罪人,
惟有敬奉神遵行他旨意的、 神纔聽他。

我的心事

精彩亮點

禱告祈求

箴言 27:9

膏油與香料、
使人心喜悅，
朋友誠實的勸教、
也是如此甘美。

45
反省深思

供應與信實

「朋友成為我們所選擇的家人」是一句流行的諺語。朋友就像家人一樣，為我們的生活帶來安慰、誠實和愛（有時還有挑戰）。我們可以一起胡鬧、一起哭泣、一起歡笑，也可以述說我們最深層的想法。

無論你處於人生的哪個階段，要明白上帝都知道，並與你同在。上帝早知道在你生命中的這個時刻，誰會是你最親近的人！想想看：這個世界是超過七十億人口的家，在這麼多人當中，相對而言，你認識的人只是少數。當中與你親近的人也就更少了，而能完全了解你的人更是少之又少。這並非偶然！

誰是你最親密的朋友？是什麼原因讓他們對你來說如此特別？你如何當他們的好朋友？

感謝主

教導我

引領我

馬太福音 18:20

因為無論在那裡、有兩三個人奉我的名聚會、那裡就有我在他們中間。

我的心事

精彩亮點

禱告祈求

哥林多後書／格林多後書 9:8

神能將各樣的恩惠、
多多的加給你們，
使你們凡事常常充足、
能多行各樣善事。

46
反省深思

敬畏與主權

《聖經》充滿了無數的例子，講述許多就像你和我一樣的普通人，都是上帝選擇為祂的國度做大事的人。想想摩西（梅瑟）帶領以色列人離開埃及，以斯帖（艾斯德爾）為他的百姓冒著生命危險，約拿（約納）警告尼尼微城人民，還有其他很多的例子。透過《聖經》，我們瞭解到許多人懷疑自己，覺得自己沒有能力做他們被要求做的事情——甚至懇求神選擇其他人！

你是否曾感到被呼召去做某件事，但又對自己的能力感到不確定？在這世上，上帝又會如何使用你來完成這件事呢？即使現在，你是否面臨一個讓你同時感到既害怕又興奮的機會？寫下一個這樣的經驗。請你永遠記得，上帝會引導你。如果祂召喚你，只有祂才能讓你具有資格，並賜予你恩典，以迎接挑戰！

感謝主

教導我

引領我

馬太福音 6:7-8

你們禱告、不可像外邦人、用許多重複話，他們以為話多了必蒙垂聽。你們不可效法他們，因為你們沒有祈求以先、你們所需用的、你們的父早已知道了。

我的心事

精彩亮點

禱告祈求

詩篇 46:10

你們要休息、
要知道我是 神,
我必在外邦中被尊崇、
在遍地上也被尊崇。

47
反省深思

信仰帶來力量

　　生活可能很忙碌，有無止境的待辦事項清單：要去的地方、要見的人、要完成的工作。日常生活可能會令人喘不過氣，尤其是當你同時面臨更重大的考驗時。神承諾，無論你遇到什麼情況，祂都會與你同在。

　　有時，我們太過於專注自己的生活，以至於忘記要放鬆並記住誰才是神。你可能認為你需要把所有事情都弄清楚，並認為自己必須時時掌控一切——但其實並不需要，祂指示我們安靜，讓祂扮演神的角色！讓祂成為你的幫手！就是在那個安靜、靜止的空間，神才得以進入其中，跟你的心說話，同時帶給你平安和休息。讓祂來處理你手中的奮戰——把它們交給祂！跟祂分享你的心事，讓祂來工作。

　　你是否覺得有時很難靜下來？你是否覺得自己有該處理完所有日常進度表的壓力？有些什麼方法可以讓你靜下來？讓上帝助你一臂之力？

感謝主

教導我

引領我

詩篇 118:25

耶和華阿、求你拯救,耶和華阿,求你使我們亨通。

我的心事

精彩亮點

禱告祈求

哥林多後書 12:9

他對我說、
我的恩典夠你用的，
因為我的能力、
是在人的軟弱上顯得完全，
所以我更喜歡誇自己的軟弱、
好叫基督的能力覆庇我。

48
反省深思

恩典與寬恕

　　生活讓人感到難以承受和充滿困難。有事情要處理、有家人要養活、有活動要參加，還要工作賺錢，而在所有這些事情之間，經常會發生意想不到的時刻。

　　要相信，即使在你最困難的時候，主都在你身邊！祂能給你每天需要的所有恩典，特別是對那些尚未完成的事情、你犯下的錯誤，以及你每天面臨的困難。祂的力量在你最軟弱的時刻顯得完全。當你承認你無法做到這一切，因為實際上你也只是人，上帝就會助你一臂之力，並說：「我就是你所需要的一切，和我分享你的心事，讓我幫你喘口氣吧。」

　　生活中有哪些事情讓你不時感到不知所措呢？你是否在你最軟弱的時候來到神的面前，尋求祂的力量和恩典？分享一次你曾感到喘不過氣，並有機會體驗到上帝恩典的經驗。

感謝主

教導我

引領我

彼得前書 3:12

因為主的眼看顧義人、主的耳聽他們的祈禱,
惟有行惡的人、主向他們變臉。

我的心事

精彩亮點

禱告祈求

羅馬書 12:9

愛人不可虛假、
惡要厭惡、
善要親近。

49
反省深思

―― 愛與內在美 ――

　　真誠意味著你對某事或某人的真實感受,沒有任何偽裝或欺騙。你是否做過一些事情是因為出於錯誤的動機?也許你曾做過一些善事是因為你想要得到認可,或者你對某人做出充滿愛的舉動是因為有人告訴你該這麼做,而不是因為你願意。神呼召我們真誠地去愛並堅持美好善良的事物!

　　你用什麼方式去愛你周圍的人——你的同事、你所認識的人、家人和朋友?另一方面,他們如何表達對你的愛?哪些行為讓你感受到最多的愛?

感謝主

教導我

引領我

提摩太前書 2:8

我願男人無忿怒、無爭論、〔爭論或作疑惑〕舉起聖潔的手、隨處禱告。

我的心事

精彩亮點

禱告祈求

以賽亞書 30:21

你或向左、或向右、
你必聽見後邊有聲音說、
這是正路、
要行在其間。

50
反省深思

供應與信實

我們在整本《聖經》中讀到神如何對不計其數的人說話，指引他們的道路，並引導他們走上應走的路。雖然今天神對你說話的方式可能有點不同（不太能親耳聽見），但祂仍跟你溝通，並以祂想要的方式引導你！這需要你靜下來傾聽，與祂一起祈禱，並辨認你的感受。聆聽那個靜默而微小的聲音，是來自祂溫柔的低語。如果你與祂和祂的話語保持一致，並對所做的某個決定在內心感到平靜，請相信這是個正確的決定！

你是否曾經發現，當自己在面臨選擇時，不確定是否選對了路？也許是關於工作上的變動、要搬往其他地方的決定、處理財務的決定、健康方面的選擇，或甚至是你的情感關係產生了變化。你是如何做出最終決定的？當你感到不確定時，你會找神嗎？你是否曾感受過祂在指引你的腳步？

感謝主

教導我

引領我

約翰福音 15:7

你們若常在我裡面、我的話也常在你們裡面、
凡你們所願意的、祈求就給你們成就。

我的心事

精彩亮點

禱告祈求

箴言 17:17

朋友乃時常親愛,
弟兄為患難而生。

51
反省深思

逆境與試煉

你是為了與人和神建立關係而被創造的。神自己想要並渴望擁有你的心，並希望你與祂建立愛的關係。祂早已知道你會成為今天的樣子，在你周圍會有哪些人、你擁有的朋友和你出生的家庭。這些人是你可以與他們產生連結、相互理解、分擔重擔和喜樂，並按照上帝所希望的方式去愛的人。

是什麼因素讓某人成為好朋友？分享一下一位朋友或者家人對你產生真正影響的經驗。他們做了什麼？給了你什麼樣的感受？你可以用哪些方式來愛周圍的人？

感謝主

教導我

引領我

馬可福音 11:25

你們站著禱告的時候、
若想起有人得罪你們、就當饒恕他、
好叫你們在天上的父、也饒恕你們的過犯。

我的心事

精彩亮點

禱告祈求

馬太福音 6:26-27

你們看那天上的飛鳥、
也不種、也不收、
也不積蓄在倉裡、
你們的天父尚且養活他，
你們不比飛鳥貴重得多麼。
你們那一個能用思慮、
使壽數多加一刻呢。
〔或作使身量多加一肘呢〕

52 反省深思

懼怕

　　生活的需求可能讓人備感壓力。財務上的義務、為人父母的責任、健康的問題和工作的職責，都會對我們的日常生活造成壓力。神提醒我們，我們對祂來說是多麼珍貴，祂是多麼關心你和你的需要。如果祂能滿足地球上鳥類和生物的日常需求，那麼祂一定也會滿足你的需要！

　　你是否把你的在乎、憂慮、希望和喜樂都放在神的腳前，相信神永遠能滿足你的需要？你生活中的哪些事會帶給你快樂？生活裡的哪些方面會令你感到擔憂？

感謝主

教導我

引領我

詩篇 55:17

我要晚上、早晨、晌午,哀聲悲歎,
他也必聽我的聲音。

我的心事

精彩亮點

禱告祈求

蒙應允的祈禱

禱告祈求	禱告日期	蒙應允日期

蒙應允的祈禱

禱告祈求	禱告日期	蒙應允日期

蒙應允的祈禱

禱告祈求	禱告日期	蒙應允日期

蒙應允的祈禱

禱告祈求	禱告日期	蒙應允日期

蒙應允的祈禱

禱告祈求	禱告日期	蒙應允日期

蒙應允的祈禱

禱告祈求	禱告日期	蒙應允日期

關於作者

香儂是一位將心懷意念放在耶穌身上的妻子和母親。自二〇一一年，從教學生涯轉為全職母親後，她憑著信仰邁出步伐，於二〇一四年創辦了一家小型企業，在 Etsy® 一家名為白萊姆（The White Lime）的網路商店上，販售她的藝術創作。在網路商店，她出售她的手繪粉筆藝術品、水彩設計的印刷品和卡片，所有創作都圍繞著她的生活經歷和她對上帝的信仰。
她的作品也透過與她合作的公司和製造商在全球和全國各地的商店銷售。
二〇一六年，她在 Instagram® 的頁面上所發布的一件粉筆藝術創作，為她與佩姬・泰特公司（Paige Tate & Co.）的合作鋪路；從那時開始，雙方合作出版了許多出版品。

香儂喜歡和家人一起相處的時光，也熱衷於健康和健身。每週都會抽出一些時間來健身以理清思緒。她的信仰對她來說非常重要，上帝為她打開的每一扇她想像不到的門都證實了，祂正與她同行。香儂與她的丈夫和兩個孩子居住在馬里蘭州。
想了解更多有關香儂和她作品的消息，可以造訪她的網站 www.thewhitelime.etsy.com 或她的 Instagram®（@shannonroberts19），她在這些網頁上發布了一些幕後花絮的照片和即將推出的計畫。

@shannonroberts19

更多香儂・羅伯茲的作品

你可以在亞馬遜（Amazon）、巴諾（Barnes & Noble）及任何販售書籍的地方找到！

感恩日記
一本獻給女性九十天的每日感恩日記

Gratitude Journal
A 90 Day Daily Gratitude Journal for Women

粉筆藝術與字體一〇一
黑板字體、插畫、設計以及更多相關介紹

Chalk Art & Lettering 101
An Intro to Chalkboard Lettering, Illustration, Design, and more

生活是甜蜜的
黑板著色書

Life is Sweet
A Chalkboard Coloring Book

記下恩典
內含可拆卸牆壁藝術印刷品的黑板著色書

Chalk it up to Grace
A Chalkboard Coloring Book with Removable Wall Art Prints

國家圖書館出版品預行編目資料

祈蹟日記：神奇的禱告力，在心靈花園與神對話 / 香儂.羅伯茲 (Shannon Roberts)作；周明芹譯. -- 初版. -- 臺北市：啟示出版：英屬蓋曼群島商家庭傳媒股份有限公司城邦分公司發行, 2025.03
面； 公分. -- (Soul系列 ; 69)
譯自：Prayer journal for women : 52 week scripture, devotional & guided prayer journal
ISBN 978-626-7257-71-5 (平裝)

1.CST: 基督徒 2.CST: 祈禱 3.CST: 靈修 4.CST: 聖經研究

244.93   114001134

線上版讀者回函卡

Soul系列069
祈蹟日記：神奇的禱告力，在心靈花園與神對話

作　　　　者	／香儂・羅伯茲（Shannon Roberts）
譯　　　　者	／周明芹
企畫選書人	／彭之琬
總　編　輯	／彭之琬
責任編輯	／白亞平
版　　　　權	／吳亭儀、江欣瑜
行　銷　業　務	／周佑潔、周佳葳、林詩富、吳藝佳、吳淑華
總　經　理	／彭之琬
事業群總經理	／黃淑貞
發　行　人	／何飛鵬
法律顧問	／元禾法律事務所王子文律師
出　　　　版	／啟示出版
	台北市南港區昆陽街 16 號 4 樓
	電話：(02) 25007008　傳真：(02)25007759
	E-mail:bwp.service@cite.com.tw
發　　　　行	／英屬蓋曼群島商家庭傳媒股份有限公司城邦分公司
	台北市南港區昆陽街 16 號 8 樓
	書虫客服服務專線：02-25007718；25007719
	服務時間：週一至週五上午09:30-12:00；下午13:30-17:00
	24小時傳真專線：02-25001990；25001991
	劃撥帳號：19863813；戶名：書虫股份有限公司
	讀者服務信箱：service@readingclub.com.tw
	城邦讀書花園：www.cite.com.tw
香港發行所	／城邦（香港）出版集團有限公司
	香港九龍土瓜灣土瓜灣道86號順聯工業大廈6樓A室
	電話：(852)25086231　傳真：(852)25789337　E-MAIL：hkcite@biznetvigator.com
馬新發行所	／城邦（馬新）出版集團【Cite (M) Sdn Bhd】
	41, Jalan Radin Anum, Bandar Baru Sri Petaling, 57000 Kuala Lumpur, Malaysia.
	電話：(603) 90578822　傳真：(603) 90576622
	Email: cite@cite.com.my
插　　　　圖	／香儂・羅伯茲（Shannon Roberts）
封面設計	／王舒玗
排　　　　版	／芯澤有限公司
印　　　　刷	／韋懋實業有限公司

■2025 年 3 月 6 日初版　　　　　　　　　　　　　　　　Printed in Taiwan
定價450元

Prayer Journal For Women copyright © 2024 by Shannon Roberts. First published by Blue Star Press. All rights reserved.
Complex Chinese translation copyright © 2025 by Apocalypse Press, a division of Cité Publishing Ltd. arranged through Peony Literary Agency.
All Rights Reserved.

城邦讀書花園
www.cite.com.tw

著作權所有，翻印必究　ISBN 978-626-7257-71-5